Impresión y editorial: BoD – Books on Demand
info@bod.com.es - www.bod.com.es
Impreso en Alemania – Printed in Germany
ISBN: 9788411741729

¿CUÁNTO CONOCES A TU PAREJA?

AQUÍ NO HAY GANADORES NI PERDEDORES

(PERO EL QUE PIERDA PAGA UNA CENA)

DISFRUTAD

QUE DE ESO SE TRATA

✱ ¿CUÁL ES SU NOMBRE COMPLETO?

✔

✗

✔

✗

✱ ¿CÓMO SE LLAMA SU MADRE?

✔

✗

✔

✗

✱ ¿CÓMO SE LLAMA SU PADRE?

✔

✗

✔

✗

✱ ¿LE GUSTAN LOS PARQUES DE ATRACCIONES?

✔

✗

✔

✗

☀ ¿DÓNDE VERANEABA DE PEQUEÑ@?

✔   ✔
✘   ✘

☀ ¿EN QUÉ CIUDAD NACIÓ?

✔   ✔
✘   ✘

☀ ¿EN QUÉ MES Y DÍA NACIÓ?

✔   ✔
✘   ✘

☀ ¿EN QUÉ AÑO NACIÓ?

✔   ✔
✘   ✘

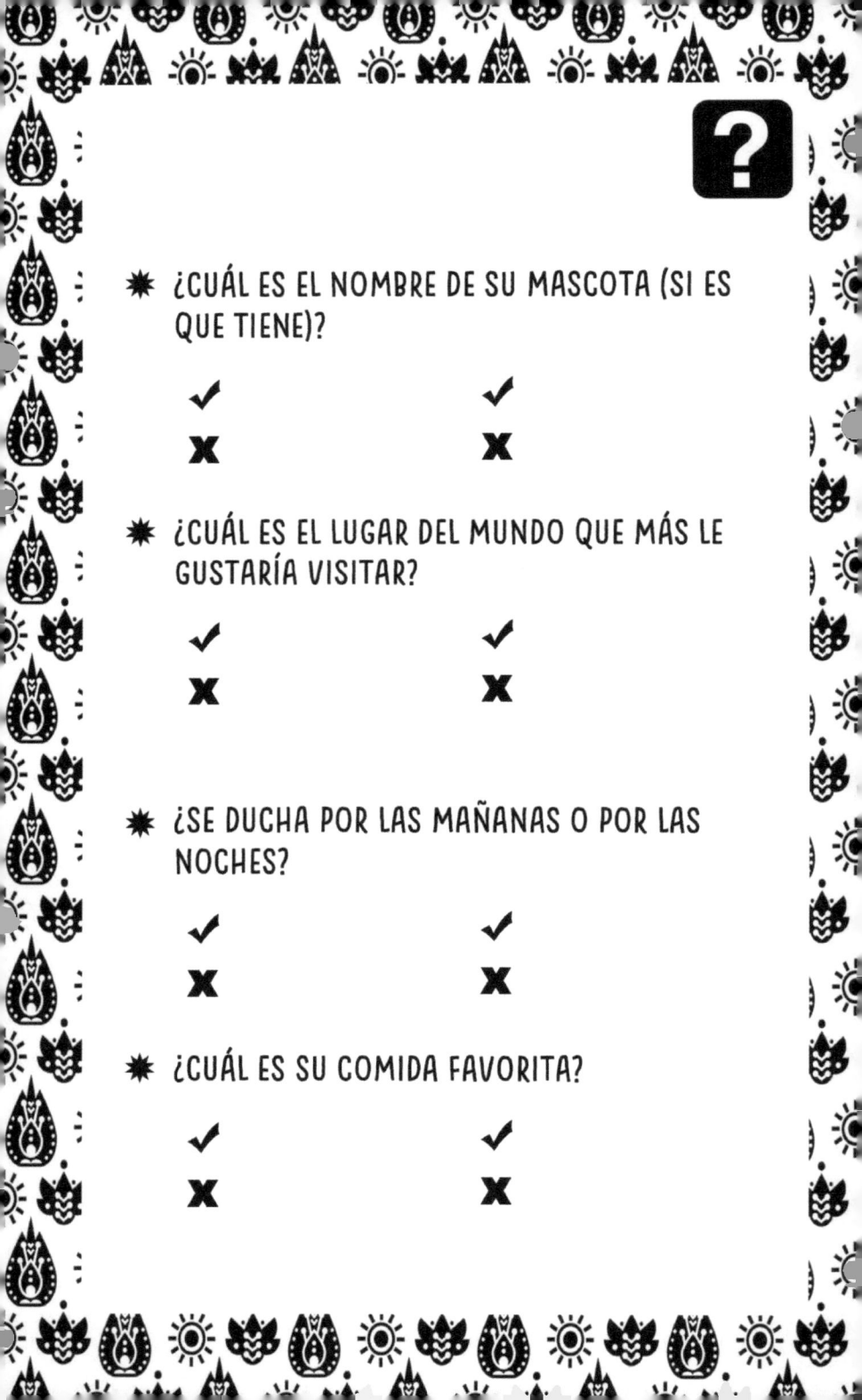

✳ ¿CUÁL ES EL NOMBRE DE SU MASCOTA (SI ES QUE TIENE)?

✔   ✔

✘   ✘

✳ ¿CUÁL ES EL LUGAR DEL MUNDO QUE MÁS LE GUSTARÍA VISITAR?

✔   ✔

✘   ✘

✳ ¿SE DUCHA POR LAS MAÑANAS O POR LAS NOCHES?

✔   ✔

✘   ✘

✳ ¿CUÁL ES SU COMIDA FAVORITA?

✔   ✔

✘   ✘

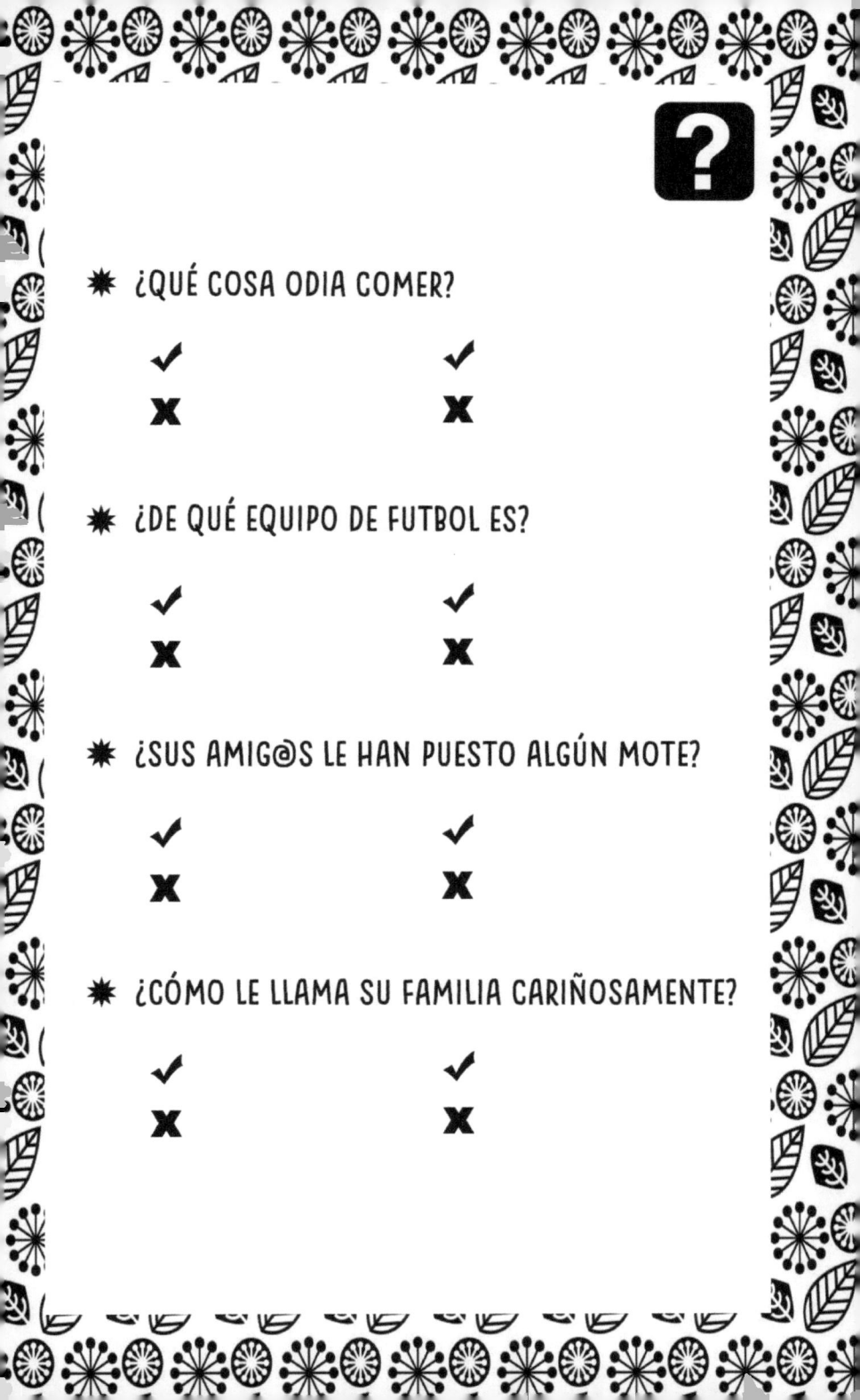

✳ ¿QUÉ COSA ODIA COMER?

✔ ✔
✘ ✘

✳ ¿DE QUÉ EQUIPO DE FUTBOL ES?

✔ ✔
✘ ✘

✳ ¿SUS AMIG@S LE HAN PUESTO ALGÚN MOTE?

✔ ✔
✘ ✘

✳ ¿CÓMO LE LLAMA SU FAMILIA CARIÑOSAMENTE?

✔ ✔
✘ ✘

✳ ¿PERTENECE A ALGUNA RELIGIÓN?

✔   ✔

✗   ✗

✳ ¿CUÁL ES SU SERIE FAVORITA DE TODA LA VIDA?

✔   ✔

✗   ✗

✳ ¿TIENE TATUAJES?

✔   ✔

✗   ✗

✳ ¿CUÁL ES SU SIGNO ZODIACAL?

✔   ✔

✗   ✗

✳ ¿CUÁL ES SU COLOR FAVORITO?

✔   ✔
✗   ✗

✳ ¿CUÁL ES SU ANIMAL FAVORITO?

✔   ✔
✗   ✗

✳ ¿LE GUSTAN MÁS LOS PERROS O LOS GATOS?

✔   ✔
✗   ✗

✳ ¿CUÁL ES SU CANTANTE O BANDA FAVORITOS?

✔   ✔
✗   ✗

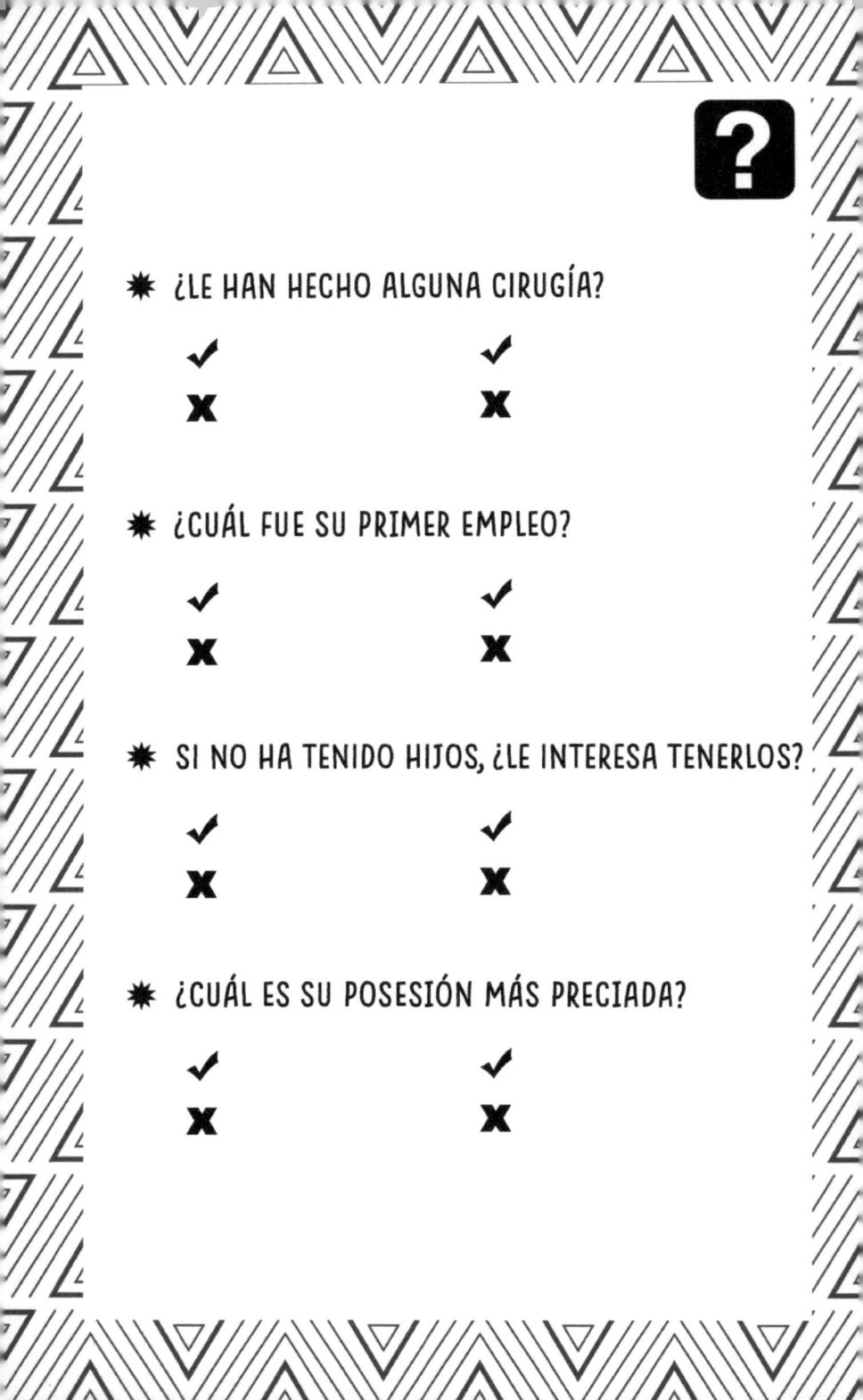

✳ ¿LE HAN HECHO ALGUNA CIRUGÍA?

✔

✘

✔

✘

✳ ¿CUÁL FUE SU PRIMER EMPLEO?

✔

✘

✔

✘

✳ SI NO HA TENIDO HIJOS, ¿LE INTERESA TENERLOS?

✔

✘

✔

✘

✳ ¿CUÁL ES SU POSESIÓN MÁS PRECIADA?

✔

✘

✔

✘

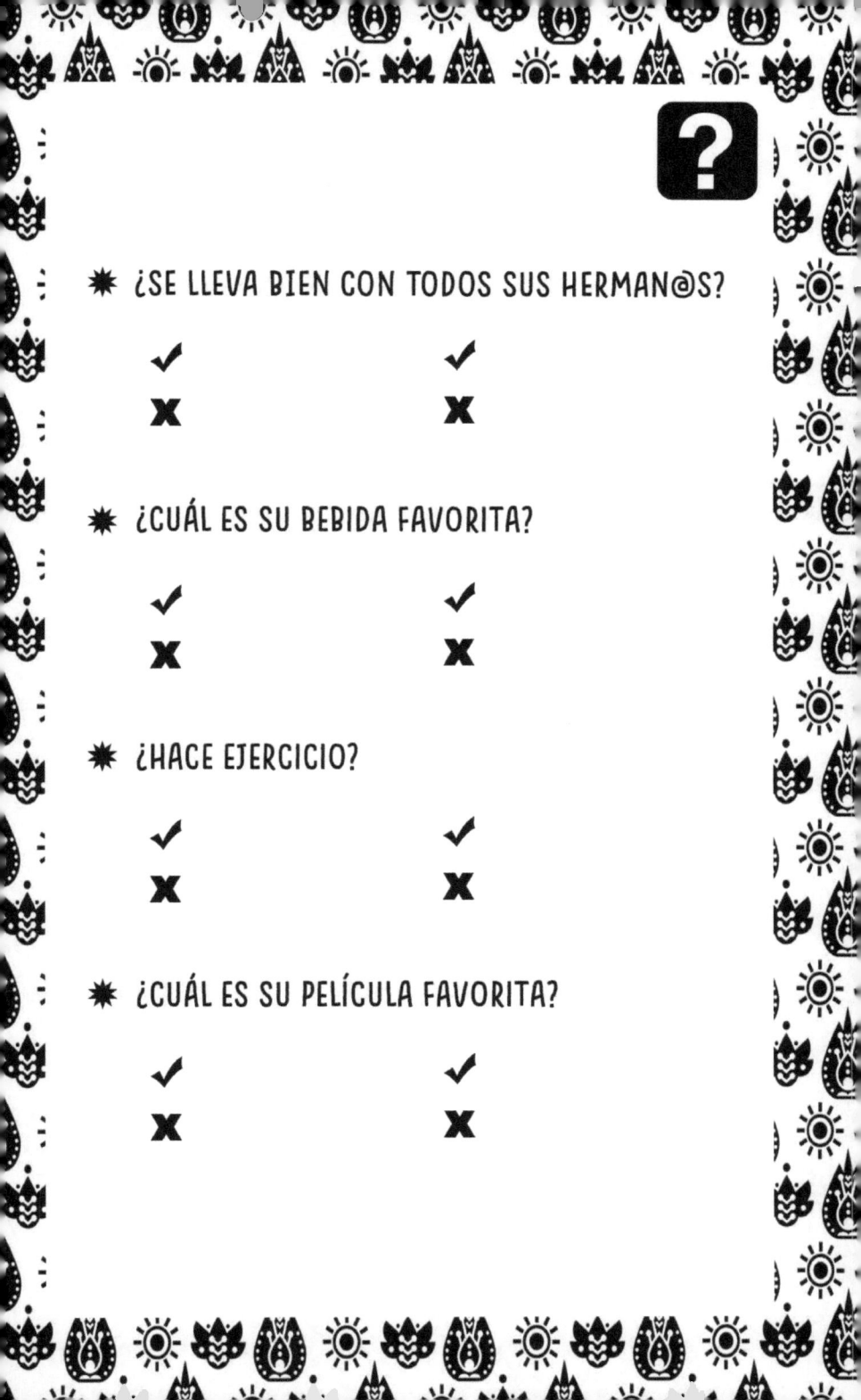

¿SE LLEVA BIEN CON TODOS SUS HERMAN@S?

✔ ✔
✘ ✘

¿CUÁL ES SU BEBIDA FAVORITA?

✔ ✔
✘ ✘

¿HACE EJERCICIO?

✔ ✔
✘ ✘

¿CUÁL ES SU PELÍCULA FAVORITA?

✔ ✔
✘ ✘

✳ ¿EN QUIÉN LE GUSTARÍA REENCARNARSE?

✔ ✔

✗ ✗

✳ ¿CUÁL ES SU PLAN DENTRO DE CINCO AÑOS?

✔ ✔

✗ ✗

✳ ¿CUÁL ES EL MOMENTO MÁS TRISTE DE SU VIDA?

✔ ✔

✗ ✗

✳ ¿CUÁL ES EL MOMENTO MÁS FELIZ DE SU VIDA?

✔ ✔

✗ ✗

✳ **¿QUIERE MÁS A SU PADRE O A SU MADRE?**

✓   ✓

✗   ✗

✳ **¿CUÁL ES SU PIZZA FAVORITA?**

✓   ✓

✗   ✗

✳ **¿CUÁL ES SU PEOR TRAUMA?**

✓   ✓

✗   ✗

✳ **¿CUÁL ES SU RESTAURANTE FAVORITO?**

✓   ✓

✗   ✗

✳ ¿ES MÁS DE DULCE O DE SALADO?

✔   ✔

✘   ✘

✳ ¿QUÉ ESTUDIA O ESTUDIÓ?

✔   ✔

✘   ✘

✳ ¿CUÁL ES SU ESTACIÓN DEL AÑO FAVORITA?

✔   ✔

✘   ✘

✳ ¿LE GUSTA CELEBRAR SU CUMPLEAÑOS?

✔   ✔

✘   ✘

✳ ¿QUÉ LE GUSTA TOMAR CUANDO SALE DE FIESTA?

✔   ✔

✘   ✘

✳ ¿QUÉ NÚMERO DE PIE CALZA?

✔   ✔

✘   ✘

✳ ¿QUÉ PARTE LE GUSTA MÁS DE SU CUERPO?

✔   ✔

✘   ✘

✳ ¿CUÁL ES LA PARTE QUE MENOS LE GUSTA?

✔   ✔

✘   ✘

✱ ¿SABES QUÉ OPINA SOBRE LA PIZZA CON PIÑA?

✔   ✔

✘   ✘

✱ ¿LE GUSTA BAILAR?

✔   ✔

✘   ✘

✱ ¿LE GUSTA LEER?

✔   ✔

✘   ✘

✱ ¿CUÁL ES SU RED SOCIAL FAVORITA?

✔   ✔

✘   ✘

✳ ¿CUÁL SERÍA EL TRABAJO DE SUS SUEÑOS?

✔   ✔

✘   ✘

✳ ¿CUÁL ES LA CANCIÓN QUE NO PUEDE DEJAR DE ESCUCHAR EN ESTOS MOMENTOS?

✔   ✔

✘   ✘

✳ ¿CREE EN DIOS?

✔   ✔

✘   ✘

✳ ¿CREE EN LOS FANTASMAS?

✔   ✔

✘   ✘

✱ ¿CREE EN LOS EXTRATERRESTRES?

✔   ✔
✗   ✗

✱ CUANDO ERA NIÑ@, ¿QUÉ QUERÍA SER DE MAYOR?

✔   ✔
✗   ✗

✱ ¿CÓMO SE LLAMA EL AMIGO O AMIGA QUE HA
TENIDO POR MÁS TIEMPO?

✔   ✔
✗   ✗

✱ ¿ES UNA PERSONA SUPERSTICIOSA?

✔   ✔
✗   ✗

❓

✴ ¿CUÁL ES SU NÚMERO DE TELÉFONO?

✔   ✔
✘   ✘

✴ ¿QUIÉN ES LA PERSONA MÁS IMPORTANTE DE SU VIDA? (APARTE DE TI)

✔   ✔
✘   ✘

✴ ¿QUÉ ASIGNATURA SE LE DABA PEOR EN EL COLEGIO?

✔   ✔
✘   ✘

✴ ¿PUEDES NOMBRAR A DOS DE SUS MEJORES AMIGOS?

✔   ✔
✘   ✘

✳ ¿QUÉ ROPA LLEVABA CUANDO OS CONOCÍSTEIS?

    ✔   ✔
    ✗   ✗

✳ ¿PUEDES NOMBRAR UNA DE SUS AFICIONES?

    ✔   ✔
    ✗   ✗

✳ ¿A QUÉ TENSIONES SE ENFRENTA ACTUALMENTE?

    ✔   ✔
    ✗   ✗

✳ ¿CUÁNDO ES VUESTRO ANIVERSARIO?

    ✔   ✔
    ✗   ✗

* ¿CUÁL ES SU MAYOR SUEÑO NO REALIZADO?

✔   ✔
✗   ✗

* ¿CUÁL ES SU FLOR FAVORITA?

✔   ✔
✗   ✗

* ¿CUÁL ES UNO DE SUS MAYORES MIEDOS?

✔   ✔
✗   ✗

* ¿CUÁL ES SU HORA DEL DÍA FAVORITA PARA HACER EL AMOR?

✔   ✔
✗   ✗

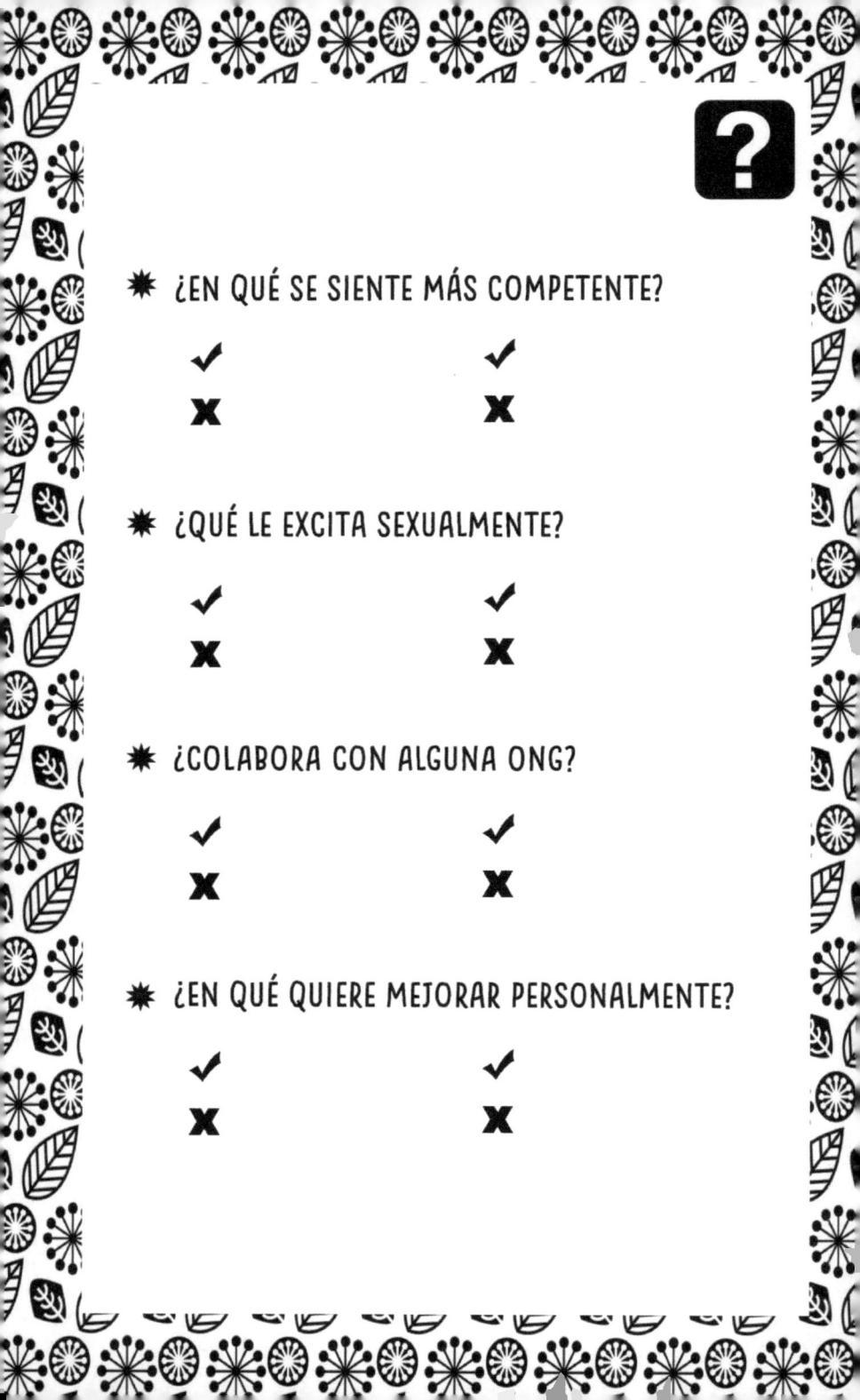

?

✳ ¿EN QUÉ SE SIENTE MÁS COMPETENTE?

✔   ✔
✘   ✘

✳ ¿QUÉ LE EXCITA SEXUALMENTE?

✔   ✔
✘   ✘

✳ ¿COLABORA CON ALGUNA ONG?

✔   ✔
✘   ✘

✳ ¿EN QUÉ QUIERE MEJORAR PERSONALMENTE?

✔   ✔
✘   ✘

✻ ¿QUÉ REGALOS LE GUSTAN MÁS?

✔   ✔

✗   ✗

✻ ¿PUEDES CONTAR ALGUNA DE SUS EXPERIENCIAS DE INFANCIA?

✔   ✔

✗   ✗

✻ ¿DÓNDE PREFIERE IR DE VACACIONES?

✔   ✔

✗   ✗

✻ ¿QUIÉN ES SU MAYOR FUENTE DE APOYO, APARTE DE TI?

✔   ✔

✗   ✗

✳ ¿CUÁL ES SU DEPORTE FAVORITO?

  ✔   ✔
  ✘   ✘

✳ ¿HA DONADO SANGRE ALGUNA VEZ?

  ✔   ✔
  ✘   ✘

✳ ¿CUÁL ES SU ACTIVIDAD FAVORITA LOS FINES DE SEMANA?

  ✔   ✔
  ✘   ✘

✳ ¿CUÁL ES SU LUGAR PREFERIDO PARA UNA ESCAPADA?

  ✔   ✔
  ✘   ✘

✱ ¿QUIÉN ERA SU MEJOR AMIGO EN LA INFANCIA?

✔
✘

✔
✘

✱ ¿CUÁL ES SU PRENDA DE ROPA FAVORITA?

✔
✘

✔
✘

✱ ¿TIENE RIVALES O ENEMIGOS? ¿QUIÉN?

✔
✘

✔
✘

✱ ¿CUÁL ES EL PARIENTE QUE MENOS LE GUSTA?

✔
✘

✔
✘

✱ ¿CUÁL ES SU PROGRAMA FAVORITO DE TELEVISIÓN?

✱ ¿QUÉ LADO DE LA CAMA PREFIERE?

✱ ¿QUÉ LE PONE TRISTE?

✱ ¿CUÁL FUE EL MOMENTO EN QUE PASÓ MÁS VERGÜENZA?

✳ DE TODAS LAS PERSONAS QUE LOS DOS CONOCEN, ¿QUIÉN LE CAE PEOR?

✔   ✔
✗   ✗

✳ ¿CUÁL ES SU POSTRE FAVORITO?

✔   ✔
✗   ✗

✳ ¿CÓMO SE LLAMAN SUS HERMAN@S?

✔   ✔
✗   ✗

✳ ¿TIENE ALGUNA ALERGIA?

✔   ✔
✗   ✗

✷ ¿SE LE DA BIEN CUIDAR LAS PLANTAS?

✓ ✓
X X

✷ ¿QUÉ VIAJE LE HA MARCADO MÁS?

✓ ✓
X X

✷ ¿VOLVERÍA A ESTUDIAR LO MISMO QUE ESTUDIÓ?

✓ ✓
X X

✷ ¿ESTARÍA DISPUEST@ A VIVIR FUERA DE SU CIUDAD/PAÍS?

✓ ✓
X X

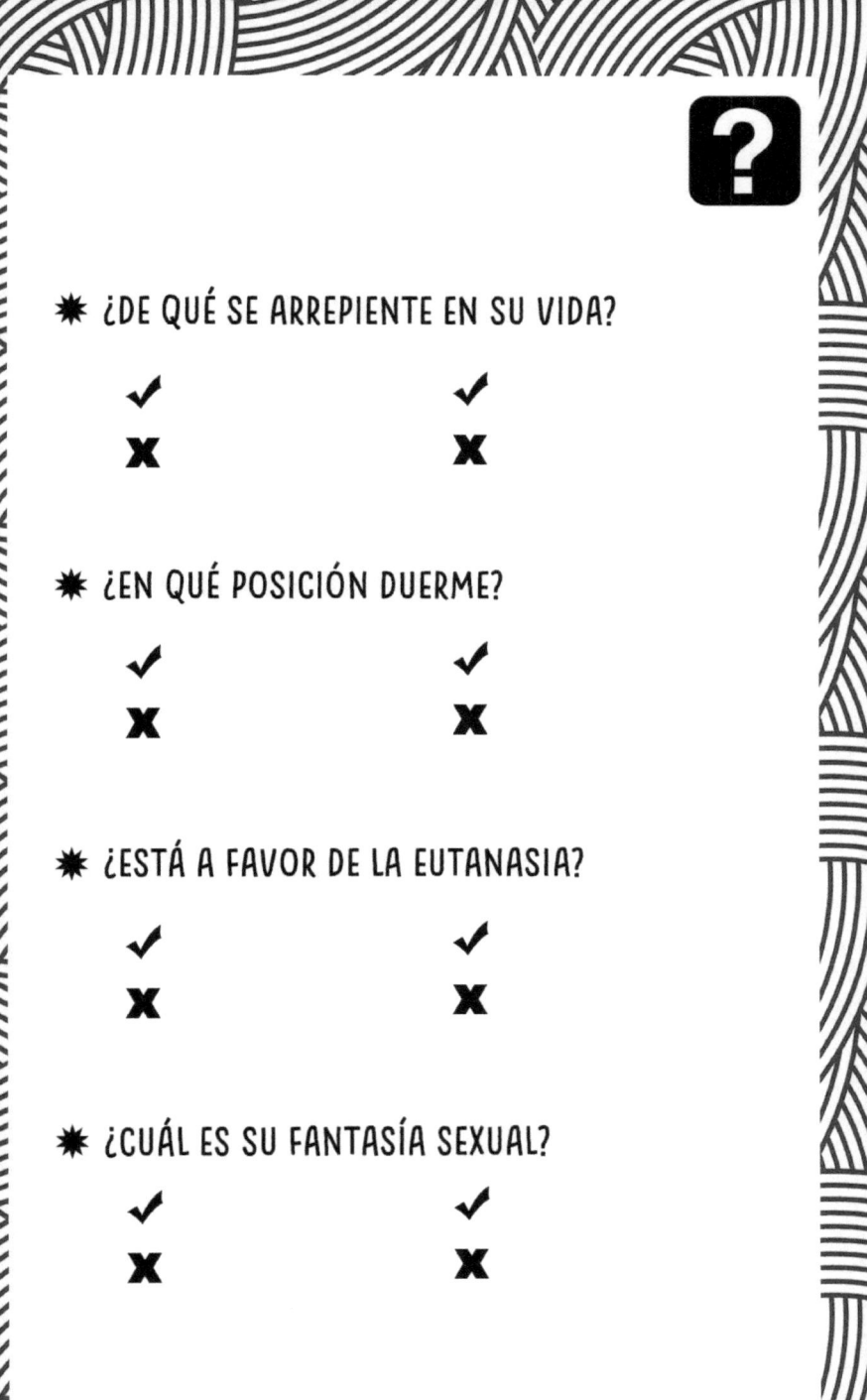

✷ ¿DE QUÉ SE ARREPIENTE EN SU VIDA?

✓ ✓
✗ ✗

✷ ¿EN QUÉ POSICIÓN DUERME?

✓ ✓
✗ ✗

✷ ¿ESTÁ A FAVOR DE LA EUTANASIA?

✓ ✓
✗ ✗

✷ ¿CUÁL ES SU FANTASÍA SEXUAL?

✓ ✓
✗ ✗

✳ ¿QUÉ ES LO QUE MÁS LE HACE ENFADAR?

✔ ✔
✘ ✘

✳ ¿CUÁL ES SU ESTACIÓN FAVORITA DEL AÑO?

✔ ✔
✘ ✘

✳ ¿LE GUSTA EL PICANTE EN LAS COMIDAS?

✔ ✔
✘ ✘

✳ ¿ES AHORRADOR/A?

✔ ✔
✘ ✘

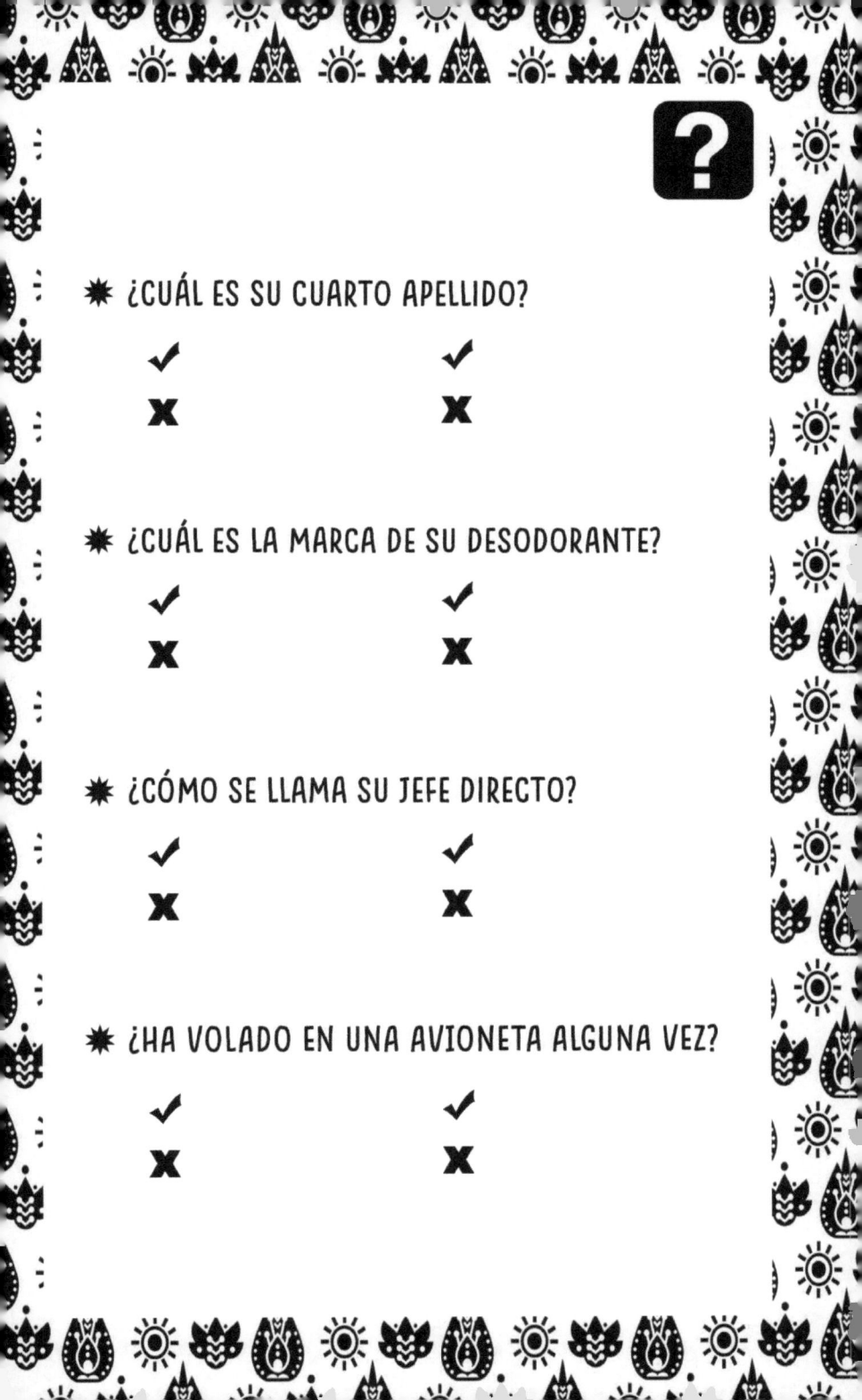

✳ ¿CUÁL ES SU CUARTO APELLIDO?

✔ ✔

✘ ✘

✳ ¿CUÁL ES LA MARCA DE SU DESODORANTE?

✔ ✔

✘ ✘

✳ ¿CÓMO SE LLAMA SU JEFE DIRECTO?

✔ ✔

✘ ✘

✳ ¿HA VOLADO EN UNA AVIONETA ALGUNA VEZ?

✔ ✔

✘ ✘

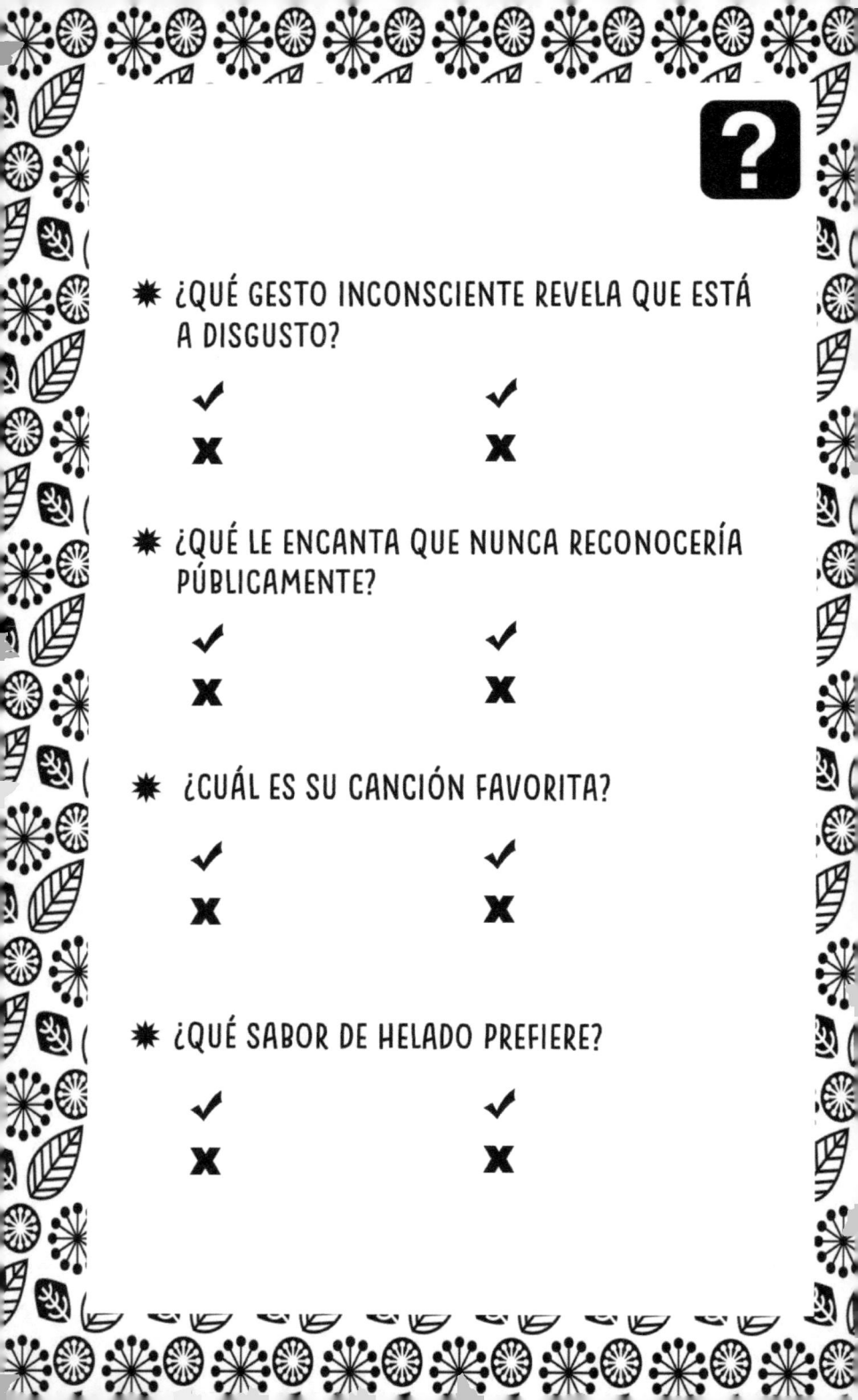

¿QUÉ GESTO INCONSCIENTE REVELA QUE ESTÁ A DISGUSTO?

✔   ✔

✘   ✘

¿QUÉ LE ENCANTA QUE NUNCA RECONOCERÍA PÚBLICAMENTE?

✔   ✔

✘   ✘

¿CUÁL ES SU CANCIÓN FAVORITA?

✔   ✔

✘   ✘

¿QUÉ SABOR DE HELADO PREFIERE?

✔   ✔

✘   ✘

✳ ¿POR QUÉ CELEBRIDAD SIENTE UN FLECHAZO?

✔   ✔

✘   ✘

✳ ¿BEBE CAFÉ? ¿CÓMO LE GUSTA?

✔   ✔

✘   ✘

✳ ¿CUÁL ES SU NOCHE DE CITA IDEAL?

✔   ✔

✘   ✘

✳ ¿CUÁL ES SU MANERA PREFERIDA PARA RELAJARSE?

✔   ✔

✘   ✘

✴ ¿CÓMO SE SIENTE CON RESPECTO A LAS DEMOSTRACIONES PÚBLICAS DE AFECTO?

✴ ¿LE GUSTA COCINAR?

✴ ¿QUÉ SUPERPODERES DESEARÍA TENER?

✴ SI PUDIERA CONOCER A ALGUIEN EN ESTE MUNDO, VIVO O MUERTO, ¿A QUIÉN ESCOGERÍA?

✷ ¿CREÍA EN LOS REYES MAGOS O EN PAPÁ NOEL?

✓   ✓
✗   ✗

✷ ¿CUÁL ERA SU JUGUETE FAVORITO DE NIÑ@?

✓   ✓
✗   ✗

✷ ¿CUÁL ES SU PINTOR PREFERIDO?

✓   ✓
✗   ✗

✷ ¿CUÁL ES SU PESADILLA MÁS RECURRENTE?

✓   ✓
✗   ✗

✳ ¿CREE EN LA REENCARNACIÓN?

✔   ✔

✘   ✘

✳ ¿QUÉ ES LO QUE LE DA MÁS VERGÜENZA HACER?

✔   ✔

✘   ✘

✳ ¿LEE EL HORÓSCOPO?

✔   ✔

✘   ✘

✳ ¿LE EXPULSARON ALGUNA VEZ DEL COLEGIO?

✔   ✔

✘   ✘

✱ ¿LE GUSTARÍA VIAJAR A OTROS PLANETAS?

✔

✔

✘

✘

✱ ¿ESTÁ CONTENT@ CON SU FÍSICO?

✔

✔

✘

✘

✱ ¿PODRÍA VIVIR EN EL CAMPO?

✔

✔

✘

✘

✱ ¿TIENE ALGUNA CICATRIZ?

✔

✔

✘

✘

✴ ¿TIENE ALGUNA MANÍA?

✔   ✔
✘   ✘

✴ ¿SUS CAJONES SUELEN ESTAR ORDENADOS?

✔   ✔
✘   ✘

✴ ¿CUÁL ES SU DISCO FAVORITO?

✔   ✔
✘   ✘

✴ ¿SABE CANTAR O DESAFINA MUCHO?

✔   ✔
✘   ✘

✹ ¿DÓNDE LE GUSTARÍA ENVEJECER?

✔
✗

✔
✗

✹ ¿TUVO MASCOTAS DE PEQUEÑ@?

✔
✗

✔
✗

✹ ¿QUÉ GENERO DE PELÍCULA ODIA?

✔
✗

✔
✗

✹ ¿CUÁL ES SU OLOR FAVORITO?

✔
✗

✔
✗

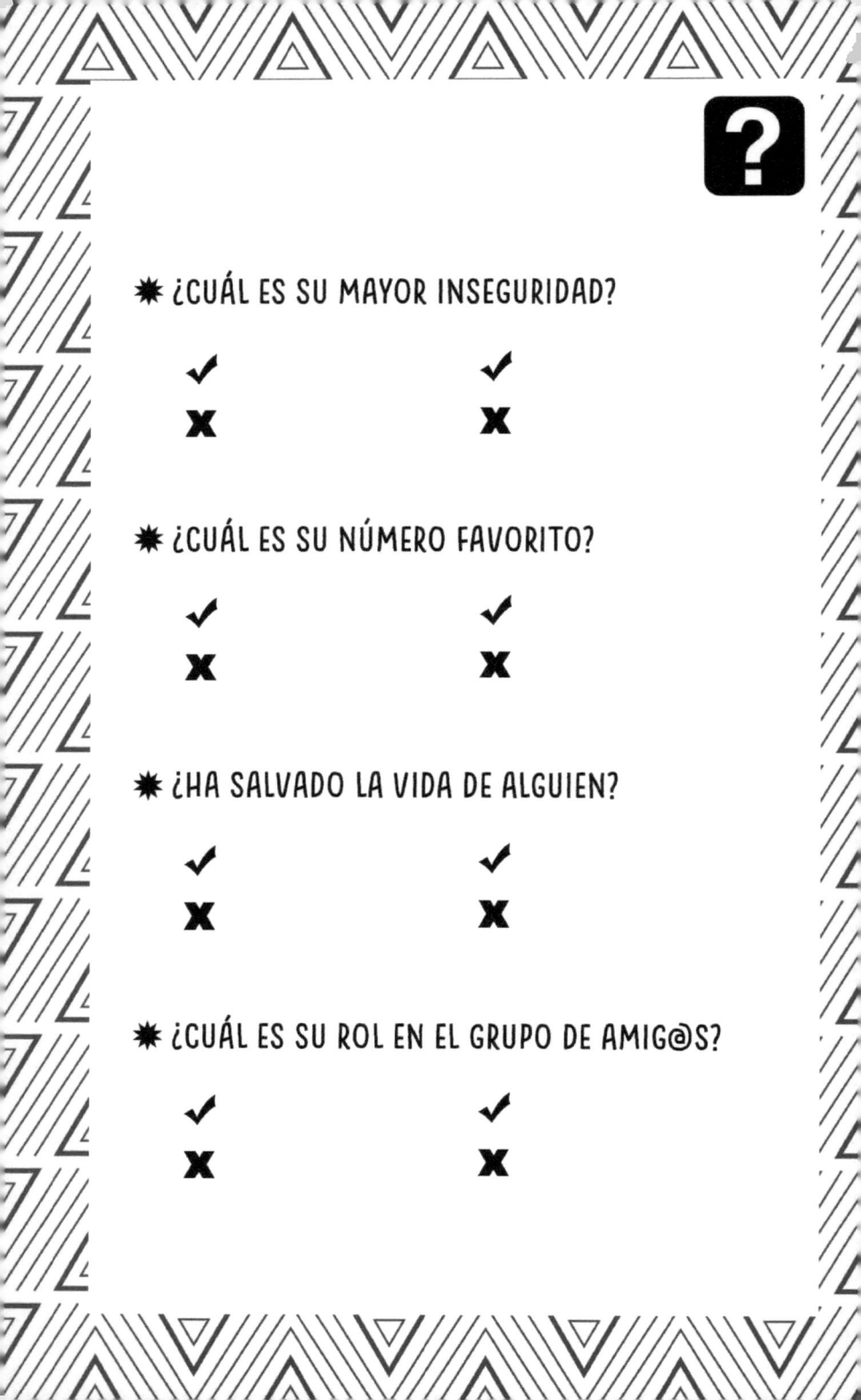

✹ ¿CUÁL ES SU MAYOR INSEGURIDAD?

✔   ✔
✗   ✗

✹ ¿CUÁL ES SU NÚMERO FAVORITO?

✔   ✔
✗   ✗

✹ ¿HA SALVADO LA VIDA DE ALGUIEN?

✔   ✔
✗   ✗

✹ ¿CUÁL ES SU ROL EN EL GRUPO DE AMIG@S?

✔   ✔
✗   ✗

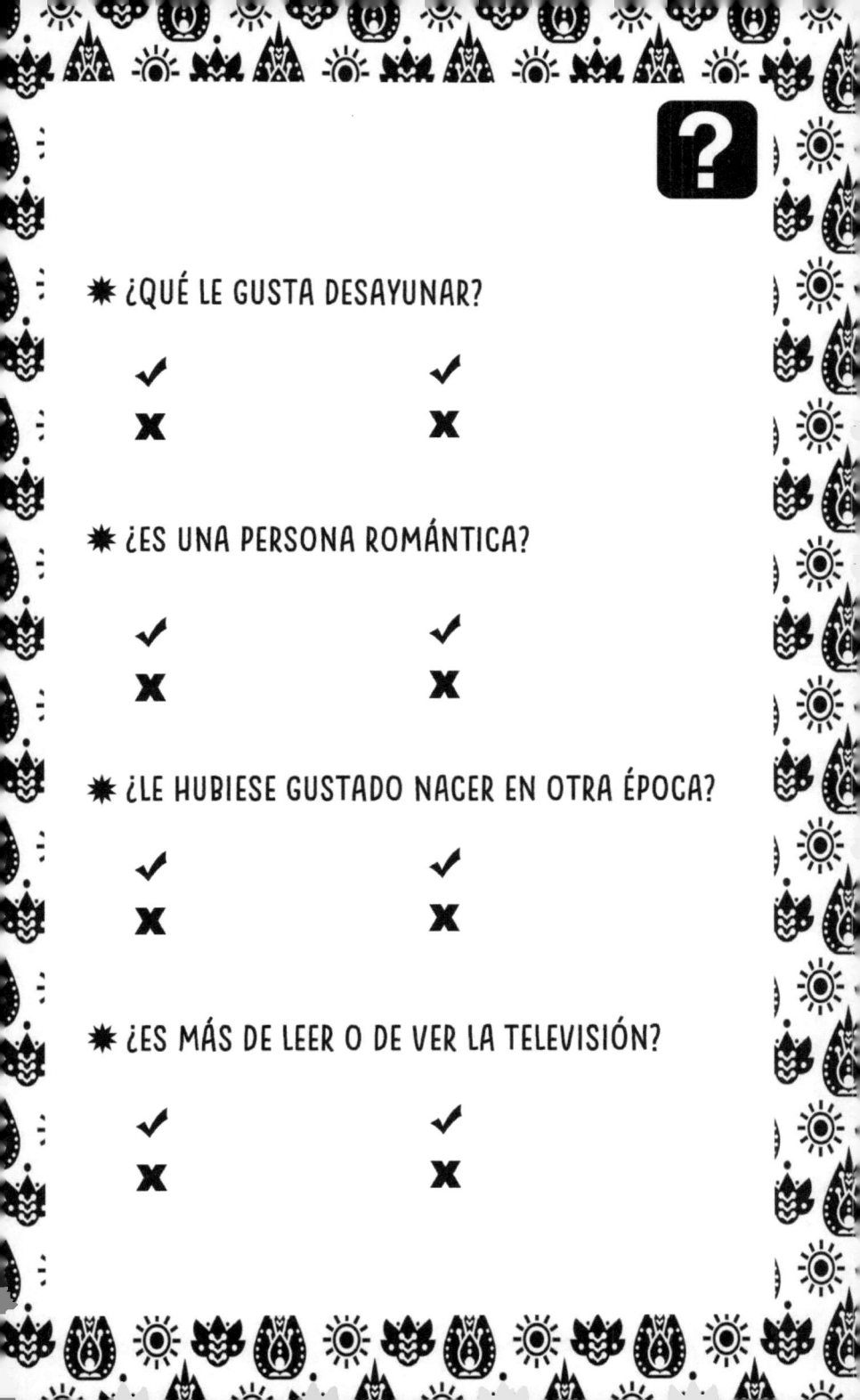

✴ ¿QUÉ LE GUSTA DESAYUNAR?

✔ ✔
✘ ✘

✴ ¿ES UNA PERSONA ROMÁNTICA?

✔ ✔
✘ ✘

✴ ¿LE HUBIESE GUSTADO NACER EN OTRA ÉPOCA?

✔ ✔
✘ ✘

✴ ¿ES MÁS DE LEER O DE VER LA TELEVISIÓN?

✔ ✔
✘ ✘

✱ ¿HA VIAJADO EN BARCO?

    ✔   ✔

    ✘   ✘

✱ ¿SE HA LEÍDO EL QUIJOTE?

    ✔   ✔

    ✘   ✘

✱ ¿LE GUSTA LA MÚSICA CLÁSICA?

    ✔   ✔

    ✘   ✘

✱ ¿HA SALIDO POR LA TELEVISIÓN?

    ✔   ✔

    ✘   ✘

✳ ¿TIENE ALGUNA FOBIA? SI ES ASÍ, ¿CUÁL?

✔ ✔
✗ ✗

✳ ¿HA VIVIDO EN EL EXTRANJERO?

✔ ✔
✗ ✗

✳ ¿HA CONOCIDO A SU BISABUELO O BISABUELA?

✔ ✔
✗ ✗

✳ ¿QUÉ ES LO QUE MÁS LE SACA DE QUICIO DE LA GENTE?

✔ ✔
✗ ✗

SIN RENCORES, PERO PARECE QUE ALGUIEN HA GANADO...